ES TIEMPO

DE RESTAURAR TU

MATRIMONIO

Solo para mujeres

NORMA FLORES

Autor. Norma Flores

Es tiempo de restaurar tu matrimonio- solo para mujeres / Norma Flores. - 1a Ed. – Posadas- 2018.

Libro digital, Amazon Kindle

Índice

La mujer sabia edifica su casa; Mas la necia con sus manos la derriba.
Proverbios 14:1

Nada es imposible para Dios, él le puede ayudar ahora en este mismo instante de su vida, solo debe disponer un tiempo a solas con él, escucharlo y dejarse llevar de sus manos.

Y mirándolos Jesús, les dijo: Para los hombres esto es imposible; más para Dios todo es posible.

Mateo 19:26

Dios puede hacerlo contigo.

Las

mujeres de hoy

Hoy en día las mujeres tienen muchas posibilidades de hacer algo más que ayuda idónea en la casa, porque los tiempos cambiaron y las cosas ya no son como antes, donde la mujer era como alguien, que solo servía para lavar ropa, platos, limpiar la casa, servir al esposo, y para callarse la boca.

Hoy por hoy muchas leyes se crearon para bien en favor de la mujer, pero esas mismas leyes que se tiene a favor de la mujer puede ser un arma para dañar al hombre, si es que esa mujer así lo desea.

Ejemplos

Si yo estuviera pasando un momento de desliz con otro hombre, y me encuentro chateando con él a escondidas de mi esposo, y si ya estuviera con la mente envenenada codiciando juntarme con otro, entonces cualquier cosita para pelearme con mi esposo me vendría bien, y usaría cualquier cosa con tal de zafar.

Una de las denuncias que más se usa, es la denuncia por violencia de genero. Ésta, está muy bien si es verdadera la razón, pero cuando se usa por motivos no verdaderos, sino para aprovechar la situación y echarle a mi esposo de mi casa cuando la verdadera razón es que ya no me interesa y estoy viendo a otro, (está mal) así que como usted puede ver, sabrá que la ley en manos de una mujer desordenada puede ser verdaderamente un arma eficaz en manos de ella.

Por otro lado, no está mal que la mujer sirva para algo más que solo fregar en la casa, la ley dice que la mujer es igual que el hombre en cuanto a igualdad de género, solo que las mujeres se van por las ramas y es ahí donde todo se contamina.

Ejemplos

Si yo aprovechando todas las leyes que me rodean hago que todo camine a mi favor es como manipular el destino de la vida.

Él no me debe gritar, pero yo sí, total a él nadie le hace caso y si me denunciara no servirá de nada.

Él no me puede engañar porque yo le puedo echar de la casa, pero sin embargo yo puedo hacer lo que quiera y usar todas las herramientas a mi favor excusándome en miles y miles de pretextos, como no me atiende, no le doy importancia, nunca está, es un ogro, un seco, un descuidado, etc. Miles y miles de escusas para hacer lo que se me da la gana.

Ni hablemos en caso de trabajo, ya que la mujer trabaja y él no tiene trabajo, ella es la que pone los pantalones, ella es la jefa, se hace lo que ella dice, lo que ella quiere, porque ella es la que trabaja. Y el hombre termina por ser un gusano, según su mirada. Como decía las mujeres de hoy tienen muchas posibilidades me incluyo soy mujer, pero a lo que voy es que de tantas posibilidades y tantas leyes que tenemos a favor ¿las estamos usando para el bien o estamos manipulando las cosas para nuestro favor? Yo pregunto, ¿y el hombre donde esta? No digo que sea en su caso querida hermana, ojalá que no sea su caso, pero a lo que voy ¿su esposo se siente alegre por la forma que usted le trata? o usted es una mujer moderna de hoy que casi ya no valora al hombre y no estoy hablando en el caso de un hombre violento adultero con miles de oportunidades que ya se le dio, no, no me mal interprete, estoy hablando exclusivamente de la mujer que manipula todo para conseguir sus deseos no vasados en la verdad.

Examinarse en tiempos de crisis matrimonial está muy bien, porque tal vez usted tiene mucho que ver por la caída de su matrimonio.

Se que en el momento de enojo no queremos escuchar y nuestro corazón se vuelve duro como una roca. Yo lo viví así. Tal vez hoy mismo mis palabras le caen chocantes, pero no me cierre el corazón, siga adelante en esta escritura, porque tengo fe que en las próximas horas Dios le estará tocando el corazón, en ese momento que usted empieza a reflexionar el Señor le traerá a su mente varios errores suyos para corregir, usted empezará a ver de otra forma con la ayuda de Dios, y todo comenzará a fluir en manos de la verdad.

Volviendo al comienzo, no es malo que usted sea una mujer moderna llena de energía, vivas e inteligente y tal vez mas que su esposo, pero lo malo es que usted se vea superior a él y que usted quiera ocupar el lugar que no le pertenece. No es malo que usted tenga Facebook, Twitter, WhatsApp, Instagram, etc. lo malo es que usted pierda su rumbo por causa de no usar las herramientas buenas para el bien sino para el mal.

Las leyes son buenas y toda su protección. Lo malo son las manipulaciones de parte de la mujer con tal de llegar a un destino que no conviene.

Sea mujer moderna, siga siendo inteligente, siga usando las herramientas que le da la ciencia en estos tiempos modernos, pero no se deje llevar por la corriente de los malos deseos, aférrese a Dios, él le dará las fuerzas para seguir un camino sin arrugas.

Nada de lo que usted logre en su carne le llenará ¡jamás! No se engañe a sí misma, empiece a valorar a su esposo mírelo como Jesús lo mira, crea en Dios, que Dios puede transformar la vida de su esposo, porque él es poderoso para cambiar la vida de cualquier persona, pero de Déjese transformar usted primero ya que lee este libro.

Empiece por escuchar a Dios, no se deje llevar por malos deseos, porque no terminan bien aquellos que manipulan las situaciones. Créame no terminan bien.

Historia verídica con mal testimonio de una mujer que destruyó todo.

En mi ciudad, a poco de mi casa un colega de trabajo de mi esposo se vio en una crisis de matrimonio, el momento era terrible, llegaron a la separación, por alguna razón u otra la esposa de ese hombre decidió unirse a otro hombre, que para colmo era muy amigo de su esposo, con el que hacía muy poco se había separado. El caso es que el exmarido no sabio nada de esto, y volvió a pedir explicación a su esposa del porqué repentinamente ella ya no quería saber nada de él. Ella por su lado no le decía nada de sus nuevos planes con su mejor amigo, ella lo tenía muy bien guardado.

Pronto se vio incomoda por las inoportunas preguntas de su exesposo y elaboró un plan para que el exesposo no la importunara más, y decidió empezar a concretar un plan malvado.

Ella de pronto estaba apenada y arrepentida y lo recibió en su casa. El colega de mi esposo se sintió aliviado ya que creía que volvía a recuperar a su esposa, acababa de tener una relación sexual con ella, en aquella casa que fue de los dos desde hace unos años, él se vistió y contento se fue en dirección donde tenía sus ropas para volver a vivir con su amada esposa, pero lo que él no se esperaba, era que su esposa en esos momentos estaba con la policía llorando. Después de tener relación sexual de reconciliación con su exesposo, ella salió corriendo semi desnuda a la calle, gritando pidiendo auxilio diciendo que su exesposo le acababa de violar.

Lo que siguió después fue que el exesposo quedó preso por dos años, apartado de su cargo de policía; con terrible angustia depresión, y dolor. Luego de dos años de espera de justicia en la prisión le dan el veredicto, le dicen que es culpable y la condena a seguir es de 9 años y le terminaron dando de baja de la fuerza policial. El hombre sigue preso sin trabajo, sin mujer, sin casa, arruinado dolido porque la mujer que amó con toda su alma, le traicionó desde antes de la separación, esta separación que no fue suficiente para esa mujer que luego terminó arruinando la vida de su propio compañero de la vida.

En fin, la maldad puede triunfar en manos de cualquier persona y puede engañar a la propia justicia humana, pero a Dios no puede engañar, y todo lo que se siembra en la vida, se cosecha.

La mujer terminó quedando sola, porque su amante no siguió con ella.

Hasta ahí es lo que sé. creería que, si el amante y amigo traicionero de aquel hombre inocente en prisión se dio cuentas de su error, estaría pidiendo perdón a Dios, a su amigo, y a su esposa, ya que este también tenía familia.

En fin, a lo que voy es abrirle el panorama con esta historia triste que le Conté, espero que entienda que todo lo que usted siembre eso cosechará.

Y si usted está siendo injusta con su amado, empiece a reflexionar, está a tiempo, luego puede ser muy tarde.

Efesios 3:13

Por esta causa doblo mis rodillas ante el Padre de nuestro Señor Jesucristo,

de quien toma nombre toda familia en los cielos y en la tierra,

para que os dé, conforme a las riquezas de su gloria, el ser fortalecidos con poder en el hombre interior por su Espíritu;

para que habite Cristo por la fe en vuestros corazones, a fin de que, arraigados y cimentados en amor,

seáis plenamente capaces de comprender con todos los santos cuál sea la anchura, la longitud, la profundidad y la altura,

y de conocer el amor de Cristo, que excede a todo conocimiento, para que seáis llenos de toda la plenitud de Dios.

Y a Aquel que es poderoso para hacer todas las cosas mucho más abundantemente de lo que pedimos o entendemos, según el poder que actúa en nosotros,
a él sea gloria en la iglesia en Cristo Jesús por todas las edades, por los siglos de los siglos.
Amén.

Las bandejas del diablo

si bien tenemos que dar gracias a Dios por las grandes herramientas que nos da estos tiempos modernos, y de ciencia crecida, tenemos que tener en claro que, así como hay herramientas buenas, hay muchas herramientas malas, con el fin de llevarle por un camino que tal vez no tenga retorno, si es que no se despierta antes y reconoce el peligro en sus manos.

Por ejemplo, cada vez hay más aplicaciones donde usted puede encontrarse en secreto con un amante, éste que también sabe que usted es casada pero que busca una aventura con una descocida, y por supuesto sin que su esposa se entere. También hay más que nunca, virus, páginas que se le aparece con un cuerpo desnudo o alguien ofreciendo sexo, videos o fotos en línea, en una palabra, simple **"pornografía"** en vivo, a todo eso yo le puse el nombre **"bandejas del diablo"**

Páginas sin vergüenza con el título grande donde dice **"mujeres que buscan amante"** y de igual manera para los hombres.

Si bien como ya dije anteriormente que tener Facebook Twitter Instagram, y cuantas redes a usted se le ocurra, no está mal porque usted puede comunicarse con el exterior sin ni un problema, con familiares, amigos, o puede trabajar con tales redes, pero el tema es cuando usted lo usa para hacer lo malo.

Ejemplos

Chatear con un hombre teniendo esposo o novio está muy mal o de lo contrario si es su caso y usted piensa que no está mal, hagamos ahora mismo una prueba, vaya y muéstrele a su esposo todos los chat que tiene en su celular con ese hombre, o con los hombres que usted chatea, ¡vaya ahora! y dígale cuantas horas se pasa chateando con ese hombre al que usted dice que no pasa nada, que solo es su amigo, que él le comprende, que es el alma gemela de su vida. Creo que usted no irá a su esposo y creo que no le contará nada, porque creo que en el fondo usted tiene bien en claro, y sabe bien que es pecado lo que hace.

Hay mujeres que pasan horas y horas perdiendo el tiempo y después no le queda tiempo ni para cocinar, ni para lo que en realidad tiene que ocuparse.

Cuando una mujer descuida a sus hijos por causa de esas redes que le dejan loca y no deja quieto el celular, y cada vuelta que pega, va y viene como ansiosa, mira su celular, y hasta les maltrata a sus hijos por causa de todo esos desordenes sin duda no durará ese matrimonio, abra problemas graves, tarde o temprano todo quedará en ruinas.

Cuando una mujer sube a la red, fotos insinuantes y se comporta como una adolescente, siendo que es mujer casada con hijos es una señal muy evidente de que no están bien las cosas como deberían estar.

Cuando usa esas redes para hacer lo malo, usted está yendo por un camino muy pero muy peligroso, un camino incierto, un camino que le puede costar caro, un camino pura neblina, en el cual usted ni siquiera sabe lo que está comiendo, porque su corazón está lejos de la realidad.

Cuando el corazón está endurecido, le puede engañar a usted misma. Puede que usted esté en algunas de estas situaciones que le nombré, pero a la vez usted cree que no es nada malo lo que usted está haciendo, que todo eso le está permitido, que va por el buen camino, que realmente está siendo feliz con lo que está haciendo.

Si es así su caso, déjeme decirle que, si sigue con el corazón duro, no habrá ni un consejo que le ayude, porque usted se revelará en contra de todo consejo y se apartará de todos aquellos que quieran opinar para su bien.

Me aferro a creer que usted no es una de ellas, ya que ha empezado a leer este libro, creo que usted a propuesto en su corazón escuchar la verdad, si es así déjeme felicitarla, ¡que Dios le bendiga hermana querida! usted va por el camino indicado, déjese llevar por el buen consejo.

Salmo 33:11

El consejo de Jehová permanecerá para siempre; Los pensamientos de su corazón por todas las generaciones.

Empiece que creer que se puede en manos de Dios, y empiece a entender que usted se está librando de la muerte cuando aparta sus pies del camino errado, no sea como la mujer que hace el mal, pero dice que no hace nada, que el Señor traiga luz a su mente y le ayude a ver la verdad.

El proceder de la mujer adúltera es así: Come, y limpia su boca Y dice: No he hecho maldad.

Proverbios 30:20

Es necesario reconocer el error para enmendar la vida, es como el alcohólico, el drogadicto etc. Si no reconoce que está enfermo y atado no podrá hacer nada para sanarse y desatarse de aquello que lo tiene sujeto.

Si usted decide cambiar de rumbo y desea sanarse, Puede que usted tenga que desechar toda bandeja del diablo, todo aquello que le empezó a perturbar su vida debe quitarlo desde raíz, desde raíz hermana querida, o no podrá ayudar a su vida, renuncie a seguir comiendo basura, renuncie a seguir en ese plano que se encuentra, si así lo hace y se obtiene a seguir comiendo porquería, usted empezará a ver con claridad después de un breve tiempo, porque su alma empezará a descongestionarse de veneno dañino, que lo mantenía siega, con el corazón viciado de cosas prohibidas.

¿Con qué limpiará el joven su camino? Con guardar tu palabra.
Salmo 119:9

Ponga toda su esperanza en Dios hermana, y Dios le ayudará a salir adelante, Dios le limpiará como se limpia la plata y le purificará como se purifica el oro. Solo entréguele su vida a él que no hay cosa difícil para él, y su vida tendrá un nuevo amanecer y su casa será restaurada por su gran amor y poder.

y volveré mi mano contra ti, y limpiaré hasta lo más puro tus escorias, y quitaré toda tu impureza.
Restauraré tus jueces como al principio, y tus consejeros como eran antes; entonces te llamarán Ciudad de justicia, Ciudad fiel.

isaias1:25

Superficiales.

Vuestro atavío no sea el externo de peinados ostentosos, de adornos de oro o de vestidos lujosos, sino el interno, el del corazón, en el incorruptible ornato de un espíritu afable y apacible, que es de grande estima delante de Dios. San pedro 3:3

La mujer superficial es aquella mujer que se preocupa por lo que dirán, por cómo se ve. Todo lo exterior le tiene atrapada, busca ser la mejor en cuanto a belleza, así que gasta hasta lo que no tiene por lograr sus objetivos. Se compra las mejores ropas, los mejores celulares, los mejores artefactos eléctricos. Si no tiene el medio para hacerlo, eso no es problema para la mujer superficial, ya que ella encontrará a la persona que lo haga a su beneficio, el hombre que con ella se casa tendrá problemas serios y muchos dolores de cabeza.

Ejemplos.

Conozco mujeres famosas de mi país, se les ve de tanto en tanto en la pantalla, mostrando sus lujosos placares del tamaño de una sala de estar, también muestran sus carteras, sus autos; en este momento se me viene a la memoria una de ellas, para no difamar a nadie no nombro, pero a modo de ilustración de lo que es una mujer superficial le cuento de ella. Es una mujer que se le ve de tanto en tanto en las noticias de mi país, es muy famosa por su alta exposición a las cámaras y por ser esposa de un famoso jugador de futbol, hombre muy valorado y conocido en futbol argentino. Ella es una gastadora impulsiva, su vida son las carteras, las fiestas, los lujos, baños aromáticos, con leche, con champagne. Ella dice que es una caprichosa, que lo que ve compra. Su placar es inmenso, sus carteras son innumerables, como los zapatos. De fiesta en fiesta, sus gastos solo en ropas el total es la suma de unos cuantos millones de dólares. Le rodea la frivolidad, eso es lo que consume y eso mismo transmite. Sus hijos caprichosos como ella llevan una vida totalmente desopilante que si le sacas lo superficial se mueren porque esa es su vida. Al esposo jamás se le ve, pero al ver a la familia especialmente a su esposa; se nos vine a la mente que será la vida de ese pobre hombre que, aunque está lleno de dinero no tiene familia.

Un esposo con una mujer superficial es un hombre infeliz. Podrá reírse, ir a fiestas, sacarse fotos etc. pero en el fondo sabe bien que es infeliz con esa mujer.

Tal vez usted este muy lejos de ser una mujer superficial pero tal vez en algunas áreas de su vida le importa mas ciertas cosas que la persona de su esposo o lo esencial que es su hogar, y no le hablo de cuatro paredes sino lo que usted construyó con mucho esfuerzo y sacrificio. Por ejemplo ¿usted sigue obrando con cariño a pesar de que él ya no puede dar tantas cosas como al principio cuando se reventaba el lomo por algún capricho suyo? ¿Sigue valorando la vida de su esposo como persona mirando mas allá de su alma? ¿O solo mira las canas, las arrugas, los dientes, lo feo que se puso por fuera? Porque de ser así, le veo perdido a su matrimonio, salvo que usted empiece a ver con los ojos del Señor Jesucristo.

Debe buscar su falla y enfrentar a sus errores y empezar a enmendar todo lo que se fracturó por causa de las malas motivaciones que le llevan a cometer errores.

Puede que su esposo le haya dejado, porque veía en usted ciertas motivaciones que le llevaron a pensar que usted es un poco superficial o plenamente superficial, sea como sea, debe valorar esa vista y empezar a mirase hacia dentro suyo, luego ver que hay allí. Cuando lo encuentre, debe arrancarlo desde raíz con la ayuda de Dios. En medio de sus oraciones le encontrará a Dios preparado para ayudarle ya que él no deja afuera a nadie que viene a él, con un corazón arrepentido con ganas de restaurar su matrimonio, o lo que queda de él.

Tenga confianza querida hermana, tenga confianza en Dios, busque su guía, su ayuda, su presencia porque nada es imposible en sus manos. Decida cambiar y ser una mujer que le da valor a lo esencial de la vida, más que a nada en el mundo.

Dele valor al amor, al perdón, a la paciencia, a la belleza interior, ¡luche por ellas! ¡viva la vida por ellas! y verán sus ojos que usted es realmente feliz haciendo esas cosas y lo mas maravilloso, será que usted hará feliz a su esposo y él jamás querrá irse de su lado.

Siéntase contenta, aunque no tenga el zapato de sus sueños, siéntase contenta, aunque no tenga el auto soñado, siéntase alegre con lo que tiene hoy, porque Dios no le desamparará si su confianza pone en él.

Su esposo es el tesoro mas grande no lo deseche.

Sean vuestras costumbres sin avaricia, contentos con lo que tenéis ahora; porque él dijo: No te desampararé, ni te dejaré;
de manera que podemos decir confiadamente: El Señor es mi ayudador; no temeré Lo que me pueda hacer el hombre.
Hebreos 13:5

Celosas

Porque donde hay celos y contención, allí hay perturbación y toda obra perversa. Santiago 3:16

Las mujeres celosas son realmente un calvario para el hombre en cambio el hombre cuando es celoso se traga y sufre en silencio, pero la mujer no calla nada; es como carcoma en la cabeza del marido. Ella va con él a todos lados, ella mira a quien él mira, ella escucha todo lo que él habla, ella revisa las ropas intimas, las huele, revisa los bolsillos, ella revisa todo; aprovecha cualquier ocasión en especial cuando el esposo se va al baño; revisa el celular, los correos los chat y si encuentra una mínima razón para desconfiar, se empieza a hacer la cabeza y empieza a imaginar cosas que tal vez no son ciertas, empieza a agrandar todo y todo se torna incómodo para el esposo que tal vez ni se asoma a nada de lo que ella está imaginando. Hay mujeres que hasta escucha a ver que dice el esposo cuando sueña, ni dormir en paz no le deja. Ella es como una gotera constante y el hombre que está a su lado no ve la hora de que todo eso termine.

Me acuerdo cuando yo sufría ese tormento.

Una noche de esas me fui en moto a seguir a mi esposo, que según él se iba a una cena entre amigos. Esa noche casi me chocó un auto, yo andaba atormentada corriendo de aquí para allá, era una sensación de locura y un triste trago de amargura corría por mis venas, mi corazón me palpitaba a mil, mis ojos estaban cansados de llorar, por causas de mis celos. No podía dormir me pasaba la noche entera esperándolo, más allá de que él haga o no algo de lo que yo me imaginaba, ese no es el tema de hoy, sino lo que me ocasionaban mis celos y como me consumía. La cosa era que yo vivía un infierno mientras él tal vez ni se daba cuantas, salvo cuando llegaba en mi casa y no le dejaba dormir, le insultaba, le pegaba, le tiraba las cosas, olía sus prendas, le olía a él, lloraba, lloraba y lloraba, y no hallaba la solución, hasta que un día Dios me ayudó y me sanó por completo. Hasta el día de hoy soy una mujer completamente sana en esa área, le permití a

Dios que me ayudara, le entregué mis cargas, hoy tengo mi autoestima superada a la voluntad de Dios, yo no volví ni asomarme a la puerta del laberinto llamado celos. Pero déjeme decirme que tal vez me he librado de la muerte, ya que no solo eran tormentos celos que va y viene, sino violencia de manos y puños eran un cotidiano, nos agarrábamos a los golpes, él me pegaba y yo le pegaba. Como verá los celos me hacían llorar sangre, y también le hacia llorar sangre a mi esposo, no se lo deseo a nadie, es algo terrible que puede llegar hasta causar muerte. En mi caso, por gracia de Dios, no llegué a ese extremo, pero hoy sabemos bien, que en el mundo están muriendo mujeres y hombres por causas de lo celos.

Hay mujeres que son celosas porque realmente el esposo le da motivos para explotar de celos, como por ejemplo maridos babosos, que miran aquí y allá, o maridos infieles que se pasan engañando a la pobre mujer, pero el camino del celo no es el camino indicado, porque solo es una llaga más en la herida. La mujer, que está enferma por las locuras del esposo, tiene la opción de envenenarse más y seguir sufriendo, o pedir ayuda a Dios, lo primero que tiene que pedir al Señor es que levante su autoestima, porque la mujer dolida que sufre celos por engaños y maltratos del esposo y persiste en quedarse en la pasividad, sufriendo y sufriendo, porque le ama, porque de alguna u otra forma, cree que nadie se comprará con su amor, (amor ciego) constantemente lleva en la mentes repeticiones como… — no tengo vida sin él.

[No dejaré que algo me destruya el matrimonio] cree que ella es algo de culpable y lucha por hacer como si nada pasara, pero a la vez explota de celos, donde hay, y donde no hay engaños, y eso la termina detrayendo.

Normalmente se daña sola, porque al esposo infiel nada le importa, o de otra manera, no seguiría haciendo cochinadas, y lastimando a su amada. En este caso debería de tomar decisiones como apartarse de él, o enfrentar, tratar el problema que es él y así llevar un acuerdo sinceramente, no ese el de siempre, cuando le promete: ¡si voy a cambiar! ¡perdóname! pero no cambia nada, y una y otra vez usted vuelve a sufrir en manos de su esposo adultero e insensible.

Sobre todo, busque la ayuda de Dios pídale que sane sus emociones, porque usted es muy importante, vale mucho, no es un pajarito, un perro o un gato, es una persona, tiene sentimientos, tiene valor muy importante, si no lo fuera así, el Señor Jesús no moriría por usted en la cruz, si él murió, y entregó la vida por usted, es porque usted tiene un gran valor, entienda que debe amarse usted misma primero. De que le sirve amar al mundo, si usted se pierde, ámese a usted misma y crea en Dios y no se deje pisar más por su esposo adultero o maltratador.

Tome la decisión de ponerse firme, perdone una vez más pero que le quede bien en claro a su esposo que usted ya no está dispuesta a seguir soportándolo, para nada. Déjele bien en claro que ya no seguirá su juego. si no la respeta, no la ama, y le sigue traicionando, usted lo dejará porque no se merece. Ahora que quede bien en claro en su mente solo en su mente que la separación es momentánea, mi consejo es que usted se ponga firme, en apartarlo de usted, pero solo para que el Señor empiece a obrar en él y en usted, (alejados) ya que de esa manera los dos empezaran a ver cosas que no veían. Pedir la fuerza y la paciencia a Dios, para soportar hasta aquel él lo diga y todo este solucionado en las manos de Dios.

Hay esposos que no quieren cambiar, pero tampoco se quieren ir, bueno ese es el gran drama de muchos, pero solo una persona loca puede aceptar vivir toda una vida de esa manera.

Solo corre por tu vida

Enfrenta

Lucha por la verdad

Cree en Dios

Y si después de tantas batallas él sigue igual

pero tu cambiaste…

Entonces es que tú habrás ganado la batalla.

Pero si el incrédulo se separa, sepárese; pues no está el hermano o la hermana sujeto a servidumbre en semejante caso, sino que a paz nos llamó Dios.
Porque ¿qué sabes tú, oh mujer, si quizá harás salvo a tu marido? ¿O qué

sabes tú, oh marido, si quizá harás salva a tu mujer?

1 Corintios 7:15

Las super sensibles.

Como zarcillo de oro en el hocico de un cerdo Es la mujer hermosa y apartada de razón. Proverbios 11:22

Mujeres que solo lloran y lloran, por cualquier cosa le caen las lágrimas. Viven en un mundo donde todo duele, todo le hace mal, hasta lo que come le cae pesado, ni imaginar si esa mujer queda embarazada, Dios me guarde y me libre dice el esposo, pobre esposo. Son mujeres que solo quieren tener al esposo como médico del amor, porque solo quiere que le comprenda el terrible dolor que le desgarra el corazón, aunque ese desgarro solo sea por una pesadilla que tuvo. Normalmente esas mujeres no se sienten capaces para hacer algo, siempre están enfermas, siempre están dolidas, ya sea del cuerpo, o del alma, se sienten

débiles, son de dormir mucho, son de encerrarse en sí mismas y dentro de cuatro paredes y el hombre que tenga a su lado una mujer como esta se cansará más pronto de lo que se pueda imaginar.

Las mujeres super sensibles cansan y normalmente los hombres le huyen. conozco de cerca a alguien que ya pasó 20 años y ella sigue igual. No quiere dejar atrás los dolores semejantes a un dolor de cabeza, pero ella es un ACV.

Le visitan de aquí y de allá, ella siempre está encerrada, y cuando está de buen ánimo para salir adelante va visita iglesias, y ya se fue al psicólogo, pero después de mucho tiempo ella sigue igual. pero dígame usted ¿Qué dolor del alma puede ser tan grande que Dios no pueda curar? Es por eso que vamos a él, pero si no decidimos hacer su voluntad y somos frágiles a los deseos de la carne, es más que seguro que la solución tarde, porque Dios no puede sanar a alguien que no reconoce que está enfermo. El que toma alcohol, dice yo solo tomo un poquito, el que fuma, dice no fumo mucho, el drogadicto, dice solo es uno por día, y nada se puede hacer, mientras siga en esa pasividad de la mano con lo que de a poco también le mata.

Una mujer llorona, sufre, porque ella misma cree que es así de doloroso, aunque el que está enfrente solo ve a un insignificante raspón. Ella es capaz de ahogarse en ese vaso de agua, aunque es obvio nunca moriría, ella ve cerca la muerte.

No estoy aquí para juzgar a nadie, si no para ayudar a salir adelante a esa mujer que no quiere dejar las cosas de niña.

Si usted cree que en algo es exagerada y llora por pavadas creo que este es el momento de dejar todo eso. Examine su vida cotidiana y procure ser sincera consigo misma, ¿no cree usted que exagera las cosas? Que no es para tanto lo que le sucede. Yo me di cuentas muchas veces que exageraba, que no era para tanto, que buscaba roña de balde, que no era así de feo como me imaginaba o sentía porque estaba híper sensible. Me libré de muchos dolores de verdad, pero solamente cuando decidí cambiar y dejar atrás la victimización.

Mi amiga me dijo que exageraba, que no era para tanto, que siguiera, que dejara atrás mi pasado, que no le de importancia a los ladridos del perro que no tiene dientes.

A veces es en realidad cierto que hay cosas por arreglarse, que todavía no están en su lugar, que llegará el tiempo, que todo eso se solucionará más adelante, pero mientras tanto ¡lloraré! ¿Qué gano? ¿hare un teatro cada día? ¿lamberé mi llaga como el perro? Pues si eso hago, soy inconsciente que no sé que soy un poco egoísta, ya que solo me paso llorando mis penas, me paso las horas mirando mi herida, y no pienso, ni me doy cuentas, que el otro también vive, también tiene problemas, también sufre, y no viene a mi porque solo lloro.

Consejo especial

Dedicarse a sanar otras heridas, le hará olvidar las suyas, y cuando usted menos se de cuentas, verá que su herida ya no está, porque no hay cosa mas grande en la vida llorar, pero por otros, sentir con aquel que sufre y moverse por hacer algo por él es el camino a la victoria.

Deje de llorar querida hermana, salga adelante, deje de ser niña, sea valiente, deje toda cobardía, deje de ponerse en el papel de víctima, eso le hará daño.

Que su esposo vea en usted el cambio pero que en realidad sea desde su corazón el cambio o volverá a perder a su amado.

Dios puede ayudarla busque su ayuda, escúchelo, dele el tiempo necesario para que él se revele a su vida y le diga cuan valiente puede ser.

Jesús le ama.

Jehová es mi luz y mi salvación; ¿de quién temeré? Jehová es la fortaleza de mi vida; ¿de quién he de atemorizarme?

Cuando se juntaron contra mí los malignos, mis angustiadores y mis enemigos, Para comer mis carnes, ellos tropezaron y cayeron.

Aunque un ejército acampe contra mí, No temerá mi corazón; Aunque contra mí se levante guerra, Yo estaré confiado.

Una cosa he demandado a Jehová, ésta buscaré; Que esté yo en la casa de Jehová todos los días de mi vida, Para contemplar la hermosura de Jehová, y para inquirir en su templo.

Porque él me esconderá en su tabernáculo en el día del mal; Me ocultará en lo reservado de su morada; Sobre una roca me pondrá en alto.

Luego levantará mi cabeza sobre mis enemigos que me rodean, Y yo sacrificaré en su tabernáculo sacrificios de júbilo; Cantaré y entonaré alabanzas a Jehová.

Oye, oh Jehová, mi voz con que a ti clamo; Ten misericordia de mí, y respóndeme.

Mi corazón ha dicho de ti: Buscad mi rostro. Tu rostro buscaré, oh Jehová;

No escondas tu rostro de mí. No apartes con ira a tu siervo; Mi ayuda has sido. No *me dejes ni me desampares, Dios de mi salvación.*

Aunque mi padre y mi madre me dejaran, Con todo, Jehová me recogerá.

Enséñame, oh Jehová, tu camino, Y guíame por senda de rectitud A causa de mis enemigos.

No me entregues a la voluntad de mis enemigos; Porque se han levantado contra mí testigos falsos, y los que respiran crueldad.

Hubiera yo desmayado, si no creyese que veré la bondad de Jehová En la tierra de los vivientes.

Aguarda a Jehová; Esfuérzate, y aliéntese tu corazón; Sí, espera a Jehová.
Salmo 27

Las mujeres hiper ansiosas.

Vosotros, pues, no os preocupéis por lo que habéis de comer, ni por lo que

habéis de beber, ni estéis en ansiosa inquietud.
Porque todas estas cosas buscan las gentes del mundo; pero vuestro Padre sabe que tenéis necesidad de estas cosas. Lucas 12:29

Apuradas en todo, apuradas por terminar temprano, anda de aquí para allá sin descanso, atiende todo, es como la mujer que describió el Señor Jesús. **Respondiendo Jesús, le dijo: Marta, Marta, afanada y turbada estás con muchas cosas. Pero sólo una cosa es necesaria; y María ha escogido la buena parte, la cual no le será quitada. lucas10:41.**

Lo primordial que enseña el Señor Jesús en cuanto a lo que debe hacer la mujer es en primer lugar escuchar a Dios tender su voluntad, buscar su reino para que todo lo demás tenga un buen sentido o de otra forma la mujer puede perder todo por causa de andar en la vida de aquí para allá, dejando atrás lo primordial por querer tener todo ya echo y en orden. Es bueno hacer todo eso de tener todo listo y en orden, pero lo ordenado es no descuidar a Dios, para que él encamine, guie y derrame de su gran sabiduría para no irnos por las ramas y descuidar las prioridades.

En el caso de las mujeres que le tenemos a Dios en nuestras vidas, si corremos de aquí para allá tratando de agradar a todos, pero descuidamos a Dios y a nuestro esposo, nuestros hijos, nuestro hogar por andar en un camino de locos desequilibrados de seguro las cosas no andarán bien y aun le digo si nos dedicamos al servicio de Dios desequilibradamente atendiendo más el servicio por querer agradar a Dios y a la gente, estaríamos totalmente equivocadas porque fíjese cuando el señor dice en su palabra: **Pues ¿qué aprovecha al hombre, si gana todo el mundo, y se destruye o se pierde a sí mismo?**

Hermana querida, hablo de algo más allá de las cuatro paredes, no hablo de todo lo que usted limpia o hace brillar, yo le hablo del momento que se pierde cuando usted corre en el camino de la libre. Eso de darle tiempo para estar con sus hijos, esos momentos que le necesitan para que los escuche, esos momentos que necesita su esposo, él se preguntará ¿Dónde está esa mujer de la que se enamoró? Andar corriendo en la vida y descuidar los tesoros que más importan, es una necedad. Lo primordial es la persona de Dios, y lo segundo el esposo atender que él este cómodo no solo con la casa limpia y una mujer atenta a la limpieza, compras, tramites y todo lo que se puede imaginar. Si no considerar como única prioridad la comunión conyugal, el tiempo, la dedicación a lo que él le gusta, a lo que él está esperando de ti, a todo aquello que a él le hace falta. Pero la mujer ansiosa está ocupada en cualquier otra cosa. Si fuéramos como Dalila y le diéramos los regazos para que el esposo se sintiera amado, él sería feliz, si fuéramos como sara la mujer de Abram, le respetaríamos y él se sentiría alagado, si fuéremos atenta a escucharlo como lo hizo María con el Señor Jesús, nadie te quitaría lo bueno que te dio Dios y tu esposo estaría a tu lado felizmente.

Mujeres iracundas

Mejor es morar en tierra desierta Que con la mujer rencillosa e iracunda. Proverbios 21:19

"Iracundas" no saben sujetar sus malos impulsos, cuando el esposo simplemente le está diciendo una de esas fallas que ella tiene, ella simplemente está mirando con que tirarle por la cabeza. Esta mujer no acepta consejo, todo lo toma a mal, grita, se irrita fácilmente, es problemática con el esposo, con la amiga, con la vecina, en el trabajo, en el colectivo, en el auto. Todo le cae mal, y ni pensar el desastre que suele hacer, cuando alguien le pega una mirada al esposo, que nadie le mire a su amado, porque puede ser fatal, y peor aún si él es quien mira lo que no debe entre comillas, él normalmente va caminando transpirando las manos, pendiente de ella, preocupado que no reaccione locamente, su miedo es que no le pellizque, que no le dé un cachetazo, que no grite, que no le revuele la cartera por la cabeza, o peor aún que no se vuelva una fiera con algún tercero. La mujer iracunda normalmente está ligada a los celos, y en conjunto es una bomba, hasta puede llegar a ser fatal, como lo es en el caso del hombre, aunque hoy no hablamos del hombre, sino de la mujer, lo menciono para entender la pesadilla que puede ser tener estos defectos. El esposo no aguanta, normalmente busca la forma de desligarse de esta mujer, él en vez de ser feliz a lado de esa mujer, tiene miedo, él tiembla, él no puede ser él mismo, se siente bajo sus pies, se siente ahogado, e infeliz, tiene mucho dolor en el alma y puede dejar la casa para siempre.

En estos tiempos, en realidad vivimos un poco acelerados, y ya estamos algos nerviosos, pero no hablamos ahora de algo cotidiano y normal, que estamos tratando de mejorar día a día, sino hablamos de un trastorno que sobre pasa y daña a la pareja y a la sociedad.

Vemos casos de todo tipo con personas que lidian con este problema, (gente que reacciona mal por nada prácticamente) y son casos realmente insólitos como cuando alguien mata a alguien porque le miró torcido, o por ejemplo un accidente mínimo y la persona se sale de sus cabales y se arrebata con impulsos violentos e inesperada mente "mata" y solo porque le rozó el auto.

En Argentina batimos el récor, es impresionante las personas que mueren por malos impulsos violentos.

En el caso de mujeres nerviosas que ya tiene por costumbre el mal trato, normalmente lastiman a su esposo, pero sobre todo lastima a sus hijos.

Si en este día usted se da cuenta que usted lidia con su carácter, mal humor, intolerancia a la paz, al dialogo, y a la comunión pacífica en armonía no la puede sostener, entonces es momento de tomar una decisión, que le puede salvar la vida y a su matrimonio.

No deje para mañana, empiece por reconocer que el problema no esta afuera sino muy dentro de usted.

Normalmente y humanamente creemos que el problema está allá afuera, pero no entramos a nosotras mismas para traer luz, en aquellos lugares donde se halla la oscuridad, y empezar a limpiar rincones. Empiece a recapacitar, pero con la luz de la palabra de

Dios. Pídale su ayuda, no deje para mañana, usted puede lograrlo, con Cristo es más que vencedora.

Si su esposo todavía no se ha ido de su casa, pero el matrimonio está fracturado, no empiece por él, empiece por usted, y empiece a cambiar usted, tómese su tiempo, quite la mirada de su esposo mirando sus fallas, solo concéntrese en las suyas, dispóngase a escuchar a Dios, quiera cambiar usted primero , no espere de él, que cuando usted empieza por usted de las manos de Dios verá como él le ayuda y trata a su esposo.

Joyce Meyer. Un día de febrero de 1976, se entregó al Señor Jesús, ella cuenta que era una mujer egoísta, antisocial y dominante, esa era la causa de tantas peleas con el actual esposo de ese entonces. Pero como dije para Dios no hay nada imposible, para alguien que quiere cambiar de verdad.

Todos conocen quien es hoy… Joyce Meyer, tremenda mujer inspiradora, llena de vida de Dios, gran instrumento de Dios en sus manos. Ayuda miles y miles de mujeres en el mundo, y no solo a mujeres, también hombres han sido guiados por ella.

Usted puede ser un instrumento de honra en manos de DIOS si se deja llevar de sus manos.

No sea como una gotera en la cabeza de su esposo si no sea una mujer que teme a Dios

Gotera continua en tiempo de lluvia Y la mujer rencillosa, son semejantes;
Pretender contenerla es como refrenar el viento, O sujetar el aceite en la mano derecha.
Proverbios 27:15

Engañosa es la gracia, y vana la hermosura; La mujer que teme a Jehová, ésa será alabada.
Proverbios 31:30

Las interesadas.

Entonces le dijo su mujer: ¿Aún retienes tu integridad? Maldice a Dios, y muérete.
Y él le dijo: Como suele hablar cualquiera de las mujeres fatuas, has hablado. ¿Qué? ¿Recibiremos de Dios el bien, y el mal no lo recibiremos? En todo esto no pecó Job con sus labios.
Job 2:9

La mujer de Job es símbolo de la mujer interesada, ya que cuando Job su esposo enferma gravemente y pierde todo sus bienes materiales e hijos; su mujer en vez de apoyarlo, consolarlo, ayudarlo, levantarlo, solo lo deprecia y sale todo lo que estaba escondido en su corazón, y lo que había en su corazón, era odio por haber perdido lo que ella más preciaba, "los bienes materiales" que Job le brindaba cuando él estaba sano con millones, ya que él era un hombre millonario, antes del percance de su vida. La mujer al verlo despojado de todo y enfermo lo maldijo esperando que se muera, porque Job ya no tenía nada material para ofrecerle, solo a Dios le tenía, y ella de Dios no quería saber nada.

Normalmente las mujeres interesadas no se casan por amor y el hombre que se casa con ella a veces lo sabe, pero como él la ama se casa con ella de todas maneras. No digo que todas las interesadas se casan sin amor, sino algunas de ellas. Creo que usted le ama a su esposo y que está buscando la guía de Dios. Si por alguna razón usted lleva algo de todo lo que mencioné en su corazón, y cree que hay que cambiar algo… ¡en hora buena! recibirá recompensa, se librará de muchos dolores, sobre todo recuperará muchas cosas con verdadero valor, mucho mas de lo que puede imaginar.

Hay cosas que usted recibirá por causa de su decisión, vendrá a usted regalos de parte de Dios, usted empezará a encontrar tesoros.

El Señor te habla en proverbios

Hijo mío, si recibieres mis palabras, Y mis mandamientos guardares dentro de ti,

2:2 Haciendo estar atento tu oído a la sabiduría; Si inclinares tu corazón a la prudencia,

2:3 Si clamares a la inteligencia, Y a la prudencia dieres tu voz;

2:4 Si como a la plata la buscares, Y la escudriñares como a tesoros,

2:5 Entonces entenderás el temor de Jehová, Y hallarás el conocimiento de Dios.

2:6 Porque Jehová da la sabiduría, Y de su boca viene el conocimiento y la inteligencia.

2:7 Él provee de sana sabiduría a los rectos; Es escudo a los que caminan rectamente.

2:8 Es el que guarda las veredas del juicio, Y preserva el camino de sus santos.

2:9 Entonces entenderás justicia, juicio Y equidad, y todo buen camino.

2:10 Cuando la sabiduría entrare en tu corazón, Y la ciencia fuere grata a tu alma,

2:11 La discreción te guardará; Te preservará la inteligencia,

2:12 Para librarte del mal camino, De los hombres que hablan perversidades,

2:13 Que dejan los caminos derechos, Para andar por sendas tenebrosas;

2:14 Que se alegran haciendo el mal, Que se huelgan en las perversidades del vicio;

2:15 Cuyas veredas son torcidas, Y torcidos sus caminos.

2:16 Serás librado de la mujer extraña, De la ajena que halaga con sus palabras,

2:17 La cual abandona al compañero de su juventud, Y se olvida del pacto de su Dios.

2:18 Por lo cual su casa está inclinada a la muerte, Y sus veredas hacia los muertos;

2:19 Todos los que a ella se lleguen, no volverán, Ni seguirán otra vez los senderos de la vida.

2:20 Así andarás por el camino de los buenos, Y seguirás las veredas de los justos;

Las cosas que vienen de Dios tienen valor incalculable, no se puede comprar con el dinero que compras un zapato que luego envejece se estropea y hay que tirar, las cosas del cielo no se consiguen en el supermercado, ni en el shopping, no se allá en una joyería, solo se lo halla con fe, predisposición, ante Dios. Creo que usted ahora está disponiendo su corazón a Dios.

Recibirá su recompensa, el Señor le dará la vida, usted será restauradora de portillos, ayudará a escoger lo que verdaderamente tiene valor incalculable.

Pablo tiró todo aquello que para él en algún momento tenía mucho valor porque él halló algo mucho mejor.

Pero cuantas cosas eran para mí ganancia, las he estimado como pérdida por amor de Cristo.
Y ciertamente, aun estimo todas las cosas como pérdida por la excelencia del conocimiento de Cristo Jesús, mi Señor, por amor del cual lo he perdido todo, y lo tengo por basura, para ganar a Cristo.
Filipenses 3:7

Infieles

Serás librado de la mujer extraña, De la ajena que halaga con sus palabras,

La cual abandona al compañero de su juventud, Y se olvida del pacto de su Dios. Proverbios 2:16

Dios repudia la infidelidad y aunque el hombre este lejos de Dios, él derrama justicia sobre la tierra y todo los que siembran injusticias segaran sus consecuencias y las consecuencias de la infidelidad es la destrucción del hogar.

Un caso muy cerca de mi casa y hace muy poco

La esposa de un amigo de mi hijo, engañaba a su esposo, él le dio todo, trabajaba incansablemente para verla bien, pero ella por alguna razón le era infiel, un día de esos, él sin querer descubrió algo que jamás hubiera esperado ni imaginado en siete años de estar juntos; él la sorprendió con otro hombre, todo se desboronó, todo se vino abajo, el hombre se desboronó, no atendía el celular, ni llamados, mi hijo no sabía ¿qué era lo que le pasaba? no estaba enterado de lo sucedido, hasta que días después cuando el hombre apareció borracho, deprimido, desilusionado llorando. La mujer se fue llevando todas sus cosas, esas cosas que con mucho sacrificio compraron para su nido de amor "hogar" él se quedó con una cama y su casa, ella se fue a vivir no sé dónde.

Las mujeres infieles normalmente cambian de novio, esposo, amigos, iglesia. Llevan en el espíritu siempre ganas de algo nuevo. Es por eso que no tardan en cansarse del que está a su lado, empiezan a explorar territorios oscuros, visitando lugares inciertos, conectándose con desconocidos, para a ver si hallan en ellos, algo que los apasione nuevamente y le levanten el ánimo. El hombre que está del mismo lado, le encanta lo mismo que a ella y se unen los dos infieles buscando llenar el vacío de su corazón, son como la garrapata agarrándose de otra garrapata se chupan el uno al otro pero no se dan cuentas que no hay sangre de perros sino sus propias sangre frías que no alimenta sanamente solo da engaño, triste ilusión pasajera, con pasiones desenfrenadas que solo llevan a la destrucción del hogar de cada uno de ellos, si es que están casados. En el caso de mujeres infieles son más las perdidas, ya que la mujer no es como el hombre, hay cierto pudor en los hombres sanos, con respecto a mujeres infieles. Ellos tratan de no toparse con una mujer infiel, así que las mujeres infieles pierden el aprecio y son muy mal vista por los hombres, que no tienen intención de solo momentos de lujurias.

Vi mujeres que se dejaron llevar por un bocado de pan, vi mujeres que se dejaron llevar por otros ojos, por otra mirada, por otras caricias, por otro mas inteligente, por otro que trabaja, por otro que no sea el mismo. En realidad, no hay escusas para que una mujer sea infiel, esa es la realidad, no hay una sola escusa.

Lamentablemente el precio que pagan es grande. Dejarse llevar por la carne puede llevarle a un lugar donde no tiene retorno.

Vi mujeres destrozadas por causa de que ya no pueden volver atrás, como aquella mujer que dejó a su esposo, se fue con otro, tuvo nuevo niño, con un hombre que no era su esposo, pero como todo lo que no proviene de Dios no es duradero, el nuevo nido no anduvo, ella quedó sin el pan y sin la torta. Ella había abandonado a tres niños, los dejó a su esposo cuando quedó loca por un extraño, ahora llora por sus penas, ella esta donde no debería y sufriendo lo que pudo haber evitado quitando sus ojos de la tentación. Tiempo después sus hijos que abandonó ya no le aprecian como cuando eran chicos. Hoy ellos son adolescentes viven cerca de mi casa, están dolidos, llenos de dolor, y su ex esposo esta resignado sin fe, sin esperanza, solo, con una casa derrumbada por causa de la infidelidad. Esto que le cuento, es cierto, pasa aquí en mi barrio, pasa en su barrio, pasa en todo el mundo.

Si usted es una mujer infiel, es urgente que reaccione a favor de la verdad. Deje de vivir una vida llena de mentira, despiértese se su sueño, porque puede quedar allí. Reaccione levántese, deje atrás los engaños arrepiéntase.

Nada que usted encuentre allí le hará feliz realmente. Solo vive un engaño, en el fondo de su corazón hay dolor, angustia, grito desesperado.

No será feliz haciendo lo incorrecto, solo se engaña a usted misma. Usted está perdiendo todo, porque no se trata de lo material únicamente, se trata de algo más sagrado. Sus hijos, su esposo, su dignidad, su paz, su verdadera felicidad, su confianza, su casa sobre la roca, su comunión con el único que le puede salvar de desastres.

Solo Dios puede darle la felicidad, pero si usted esta lejos de su voluntad será imposible hallarla.

No se encierre pensando que está usted en lo cierto y que los libros, las personas, las experiencias, Dios y todo lo demás están equivocados; hágase un párate recapacite.

¿Andará el hombre sobre brasas Sin que sus pies se quemen? Proverbios 6:28

¿Acaso usted piensa que si juega con fuego no se va a quemar? Bueno déjeme decirle que así no son las cosas. Se puede quemar y bien feo, y no vaya decidir después que nadie le dijo nada.

Dios le bendiga hermana querida que el señor le bendiga en grande y empiece usted a recapacitar sobre su vida.

Nota: si nada de esto es suyo y usted es una mujer fiel, usted sepa que el Señor le sorprenderá por su fidelidad, usted se sorprenderá porque Dios es fiel a usted.

Mis ojos pondré en los fieles de la tierra, para que estén conmigo; El que ande en el camino de la perfección, éste me servirá.
Salmo 101:6

Mujeres Dominantes

Mujeres dominantes, hay mujeres que solo con la mirada ya dicen todo. No solo es dominante con el marido, lo es en todo lugar. Normalmente la llaman "la bruja" y aunque ella no lo sepa, seguro lo presiente, y si lo presiente es porque ella misma sabe, que si lo dicen es por algo.

Ella es la que decide que es lo que se hace, y se dice, ella decide si se avanza o si se quedan, ella decide que calcetines se debe comprar su hermano, aunque ese hermano ya tenga cincuenta años.

Me acuerdo cuando vendía ropa a domicilio, tenia un cliente, él trabajaba en una casa de repuesto para autos, lamentablemente compartía su trabajo con una mujer dominante. Ella también me compraba ropas para él, y decidía por él, cuando ella estaba, él no me quería comprar nada, si bien pareciera que él se interesaba, por algo, pero pronto me decía ¡deje nomas! otro día miro, pero la mujer dominante allí compraba algo parecido a lo que él miraba, y se lo regalaba, y afirmaba que eso que él estaba mirando anteriormente, no era para él. Yo notaba la mirada de enojo de aquel hombre ya mayor, pero a la vez de impotencia, él agarraba y tiraba por algún costado debajo del mostrador la prenda que me terminaba de pagar la mujer allí a su lado. Yo solo observaba vendía mis cosas y me iba, pero cuando volvía al mes siguiente con algo nuevo, volvía a pasar lo mismo. Un día le pregunté a la mujer de mas o menos sesenta años, si no era mejor que compré aquello que miró el esposo y que le pareció adecuado para él, pero ella se volvió a mi repentinamente y bruscamente diciéndome:

— ¡él no es mi esposo, es mi hermano!

Solo allí entendí la frustración de su hermano, y era el tener una hermana domínate. Imagínese si un hombre tiene por mujer alguien así, sería el calvario del pobre hombre.

Es frustrante para un hombre no tener la autoridad que se merece, el no poder decidir en su propia casa, es realmente doloroso.

Dios le creo con más fuerza que la fuerza que tiene una mujer, porque el hombre está creado para ser cabeza del hogar, la cabeza del hogar significa que está a cargo de su esposa y de sus hijos, para proveer, sustentar, proteger, pero nada de eso puede hacer en libertad cuando el hombre tiene a su lado a una mujer dominante, ella es como un obstáculo en la vida de aquel esposo como lo fue Jezabel

¿Quién fue Jezabel?

¿Quién era realmente Jezabel? La esposa controladora y manipuladora de Acab, rey de Israel.

Jezabel era una persona egoísta, manipuladora, sensual, inteligente aunque su inteligencia era para hacer cosas malas, sólo pensaba en sí misma, la mayor parte de su vida se dedicaba a manipular a su esposo, le molestaba estar bajo autoridad, ella hacia lo que bien le parecía y como quería trastornaba el camino de cualquiera, como aquella vez que mando a matar a todos los profetas de DIOS, a ella no le gustaba rendir cuentas A nadie, quería hacer sus cosas sin tener que informar nada, quería simplemente hacer su voluntad sin ningún orden, sólo el suyo. Lo más importante era lograr lo que quería (ser ella sola figurar ella). El egoísmo y el orgullo es el más grande enemigo en el matrimonio Cuando no dejo a mi esposo, que él decida lo que se hace o no sin lugar a dudas que voy por un mal camino.

Ejemplos

1- Cuando le digo que él no sabe más que yo
2- Cuando le trato de inservible
3- Cuando le humillo

4- Cuando le manipulo para conseguir que él haga algo que yo necesito
5- Cuando le intimido con mi mal carácter y le infundo miedo
6- Cuando amenazo para mantenerlo a mi lado
7- Cuando hago lo que me parece y no me importa
8- Cuando me comporto como su madre y no como esposa
9- Cuando le controlo todo lo que hace
10- Cuando decido por él etc.

A veces no tenemos todo esto, ¡obvio! pero tan solo una cosita de esto es una zorra arruinando nuestra huerta.

Vigilemos nuestra vida, quitemos toda zorra que pueda arruinar nuestra comunión con Dios y con nuestro esposo. Dejemos a nuestro esposo avanzar y ser lo que realmente tiene que ser "cabeza de nuestro hogar" descansemos en los brazos de Dios y creamos que él es suficiente para guiar a nuestro esposo y que solo debemos entender nuestro propósito en la vida de aquel hombre que un día elegimos como compañero para toda la vida.

Mi deber ante mi esposo es ser ayuda idónea no demonia, disculpe la expresión hermana querida, pero debo confesarle que muchas veces fui demonia y no idónea, pero con la ayuda de Dios Sali adelante y cada día me esfuerzo por hacer lo que es correcto delante de los ojos de Dios.

Le animo a que siga un camino diferente al camino de la mujer dominante, y verá como todo se empezará a ordenar en su hogar.

2:15 Cazadnos las zorras, las zorras pequeñas, que echan a perder las viñas; Porque nuestras viñas están en cierne.

2:16 Mi amado es mío, y yo suya; El apacienta entre lirios.

2:17 Hasta que apunte el día, y huyan las sombras, Vuélvete, amado mío; sé semejante al corzo, o como el cervatillo Sobre los montes de Beter.
Cantar de los cantares 3:15

Las mujeres que no hacen nada

Hay mujeres que realmente no sirven para mucho pero tampoco para poco.

Podríamos decir que... poco, sería ir a hacer mandado, pero hay mujeres que ni para hacer mandado no sirven, porque tiene miedo del cuco.

Si hay tramites que hacer, no va porque quiere que le acompañe alguien, si hay que lavar la ropa, no lava porque no hay jabón, si tiene que barrer, no barre porque se durmió, si tiene que cocinar, cocina tarde y como no cocina muy bien porque no sabe, la comida se quema, o directamente no cocina. Hay mujeres que no saben ni cambiar la garrafa, así que esperan al marido que llegue cansado y vaya y compre una garrafa y la coloque en la cocina. Hay cosas que son realmente simples, pero para ellas es complicado. Por ejemplo pedir un gas por teléfono, para las que tienen gas de tubo, no es complicado, se llama y le traen la garrafa y listo, se conecta muy rápido, no tiene que ser un plomero para poner una garrafa, pero hay mujeres que no saben ni les interesa aprender, y son un dolor de cabeza para el hombre que llega cansado y tiene que escuchar las escusas de la mujer, que encima está hablando con el ojo hinchado de tanto dormir . Conozco un caso, paso hace unos años atrás. La esposa dormía todo el mañana, cuando el esposo venia cansado solo encontraba a sus pequeños hijos haciendo desastres, todos llenos de caca con el pañal rebosando, mientras que tenía que aguantar el olor a humedad, por no abrir las ventanas, y lógico la mujer dormida, y a duras penas se levantaba cuando él llegaba de su trabajo. Él no tenía ropas limpias para ponerse, no tenia comida servida, era un desastre total, y como era alguien cercano, lo veíamos llorar, día tras días, porque no encontraba la salida. A ella evidentemente no le caía bala, ya tenían dos hijos y parecía inexperta en tan solo ser mujer. Un día el no aguantó más y se fue, era una tarde, no le avisó nada que él no iba a volver por la noche. A ella no le importó y también salió, pero no llevó a sus hijos pensando que él andaba por ahí cerca. Al día siguiente el hombre vino y encontró a los niños de 2 y 4 años llorando, la casa patas para arriba, se estaba inundando abrieron la canilla y colapsó. Por sus ojos hinchados lloraron más de veinticuatro horas. Estaban solos desde el día anterior, El niño más chico estaba lleno de caca, los dos hambrientos, corriendo peligro de quedar pegado con la electricidad. El hombre no o podía creer, sus hijos estaban a la deriva, él jamás se hubiera imaginado, que ella los dejaría solos. Lloró, pero lloró tanto ese hombre, y la mujer se fue, lo abandonó, poco después vino a reclamar los hijos, y no sé cómo logró llevar al más pequeño, jamás se le volvió a ver a la mujer, el hombre crio a uno de sus hijos, hoy ya es un hombre ese hijo, y el otro solo lo puede ver por fotos, porque la mujer se fue al otro lado del mundo a vivir no se con quién.

La pereza es dañina en cualquiera de las dos partes, destruye todo lo que tiene, no cuida, no levanta, no ayuda, es como un estovo para los que si trabajan.

La mujer virtuosa es corona de su marido; Mas la mala, como carcoma en sus huesos.
Proverbios 12:4

La pereza hace caer en profundo sueño, Y el alma negligente padecerá hambre.
Proverbios 19:15

Por la pereza se cae la techumbre, y por la flojedad de las manos se llueve la casa.
Eclesiastés 10:18

que enseñen a las mujeres jóvenes a amar a sus maridos y a sus hijos, a ser prudentes, castas, cuidadosas de su casa, buenas, sujetas a sus maridos, para que la palabra de Dios no sea blasfemada.
Tito 2:4

No nos casamos para dormir toda la mañana, no nos casamos para volver a ser niñas, sino al revés, nos casamos porque ya somos adultas, tenemos la capacidad para afrontar el cuidado de la casa, y de los hijos y esposo. Dios nos dio esa capacidad.

Normalmente una mujer perezosa es dejada en su aspecto físico, aparte que es dejada en la casa. no se baña de seguido, no se peina de seguido, no se arregla de seguido, y todo parece muy cotidiano, la misma ropa el mismo color, el mismo olor, nada nuevo y la verdad que eso da nauseas. El esposo cansado de nada en su casa, se llenará con solo ver otras cosas, ropas limpias, mujeres esplendidas, colores distintos, perfumes que nunca sintió, mujeres atentas buscando a quien besar, 😙 y casas brillantes 🏡 que le agarrara envidia. Después cuando el hombre se harta y se va, la mujer empieza a decir cuan malo es el esposo que la abandonó, pero ella no dice el infierno que le hizo pasar al esposo cuando ni siquiera tendía la cama.

Cambiar un foco, colocar la garrafa, pintar algo, es algo extra, no es difícil, no hace falta pedir ayuda, solo se requiere de nuestra ayuda como mujer idónea lo podemos hacer. Y hacer que la casa brille atender al esposo, cuidar a los niños, no es otra cosa que trabajo de mujer, y si no lo podemos hacer, **"hay un problema grave"** que requiere que pronto se haga un examen y discernir donde está el problema, y empezar a trabajar en ello, para poder salvar lo que se ha perdido, y hoy hablamos de algo muy importante que es recuperar al esposo.

Se una mujer virtuosa, es la voluntad de Dios y si él lo pide es porque nos hizo capaces y nos dio las fuerzas y la inteligencia para poder cumplir ese propósito por el cual nacimos en este mundo.

Proverbios

31:10 Mujer virtuosa, ¿quién la hallará? Porque su estima sobrepasa largamente a la de las piedras preciosas.

31:11 El corazón de su marido está en ella confiado, Y no carecerá de ganancias.

31:12 Le da ella bien y no mal Todos los días de su vida.

31:13 Busca lana y lino, Y con voluntad trabaja con sus manos.

31:14 Es como nave de mercader; Trae su pan de lejos.

31:15 Se levanta aun de noche Y da comida a su familia Y ración a sus criadas.

31:16 Considera la heredad, y la compra, Y planta viña del fruto de sus manos.

31:17 Ciñe de fuerza sus lomos, Y esfuerza sus brazos.

31:18 Ve que van bien sus negocios; Su lámpara no se apaga de noche.

31:19 Aplica su mano al huso, Y sus manos a la rueca.

31:20 Alarga su mano al pobre, Y extiende sus manos al menesteroso.

31:21 No tiene temor de la nieve por su familia, Porque toda su familia está vestida de ropas dobles.

31:22 Ella se hace tapices; De lino fino y púrpura es su vestido.

31:23 Su marido es conocido en las puertas, Cuando se sienta con los ancianos de la tierra.

31:24 Hace telas, y vende, Y da cintas al mercader.

31:25 Fuerza y honor son su vestidura; Y se ríe de lo por venir.

31:26 Abre su boca con sabiduría, Y la ley de clemencia está en su lengua.

31:27 Considera los caminos de su casa, Y no come el pan de balde.

31:28 Se levantan sus hijos y la llaman bienaventurada; Y su marido también la alaba:

31:29 Muchas mujeres hicieron el bien; Mas tú sobrepasas a todas.

31:30 Engañosa es la gracia, y vana la hermosura; La mujer que teme a Jehová, ésa será alabada.

31:31 Dadle del fruto de sus manos, Y alábenla en las puertas sus hechos.

El Señor quiere hacer de ti un instrumento de honra en sus manos y una mujer virtuosa para agradar a tu esposo, todo es posible en sus manos, no te desanimes hermana querida todo va a estar bien 🌚

Mujeres que pedigüeñas

La sanguijuela tiene dos hijas que dicen: ¡Dame! ¡dame! proverbios 30:15

Hay mujeres que dicen ven, dame, tráeme, ayúdame, ámame, quiéreme, llévame, dime que me amas, dime que soy importante, cómprame regalo, porque hoy es mu cumple.

Mujeres especialistas en su propia fecha de cumpleaños, especialista para enfermarse, porque casi siempre están enfermas, por eso no puede ir, pero eso no termina ahí, así que empieza a contar a Dios y a medio mundo que está enferma, necesita comprensión, necesita la visita del pastor, necesita a la amiga, necesita ver personas que se ocupen de ella, y si no lo hay ¡vaya! Es un problema para la amiga, para el pastor, para la hija, para el esposo etc.

No tiene pelos en la lengua para decir, pasa por mi si vas a la iglesia, pone cualquier pretexto para que alguien siempre le lleve y le traiga.

Algunos saben y conocen este tipo de personas y toman distancia, pero el esposo ¿Cómo lo hará? ¿y los hijos como salir adelante con una madre así? Ella siempre está enferma con dolor de cabeza, pide ayuda Asus hijos, pero esa ayuda es que hagan todo mientras ella descansa. La mayor parte, ella no tiene nada y todo lo exagera, solo tiene la urgencia de ser el centro de la atención.

Ella espera que, en el día de su cumpleaños, todos, pero todos, se acuerden de ella, y coloquen una foto en sus muros de Facebook, anunciando su cumpleaños y cuanto la aman. Por la tarde cuando ya va pasando el día, empieza a recordar que fulana y mengana no se acordaron de ella, así que ella empieza a averiguar sagazmente, por qué no lo hizo, y en algunos casos empieza a echar en cara el regalo que ella le hizo el año pasado, el momento que le dio durante mucho tiempo, el esfuerzo que hizo aquella vez **"en realidad solo lo hace para ser admirada"**.

En el día de su cumple en vez de ser un día agradable lleno de alegría compartir momentos hermosos en familia, se pasa retando a la familia porque se olvidaron de ella, porque no le sirvieron, porque no le regalaron lo que ella quería, porque no le dieron la atención que necesitaba, así que el día que debería ser especial, se torna frustrado lleno de amargura se termina el día enojados y tristes, por causa de una mujer que solo espera de los demás y su alma nunca se sacia.

El egoísmo es algo terrible, porque no ve el sufrimiento ajeno, no ve la necesidad de los demás, y no comprende al individuo, porque ni él se comprende a si mismo por el gran egoísmo que lo dejó siego.

Una mujer que solo pide y pide es como una niña. Una niña malcriada pide y pide, pero cuando no le dan hace terribles berrinches, pero la mujer niña hace destrozo en las vidas de aquellos que viven a su lado, a familiares y amigos. Todo le molesta, todo le hace sentir mal, murmura aquí y allá, aunque tiene su lado especial su don que le ayudará a buscar seguidores, a los que ella pueda impactar, y cuando lo haga, ella tendrá aliados y la llevaran y la traerán, le mimaran, y le dirán cuan buena es, pero lo terrible es en su casa, todos la conocen y vivir con ella es un suplicio.

Aunque no lo crea usted hay mujeres que fingen desmayos para retener al novio o al esposo. Fingen embarazos, fingen estar enfermas como ya dije antes. Todo esto lleva al cansancio del esposo, no es fácil la situación, es una carga muy pesada llevar a la esposa a todos lados, y no me refiero llevarla en auto, sino llevar la carga de tener una esposa, que solo quiere que le sirvan y le traten como a una reina, pero ella no está dispuesta a hacer lo mismo de todo corazón.

La mujer con hambre afectiva jamás se sacia. Salvo que busque a Dios y pida ayuda.

Si cree que usted pide mas de lo que da es tiempo de reflexionar, empezar a entender que usted jamás se saciará esperando que los demás la llenen, ya que el mundo no está preparado para entenderla en inmensa longitud de su alma, pero le diré un camino excelente que le llevará a estar saciada y llena de alegría.

En todo os he enseñado que, trabajando así, se debe ayudar a los necesitados, y recordar las palabras del Señor Jesús, que dijo: Más bienaventurado es dar que recibir.
Hechos 20:35

En Hechos 20:35 nos da una dirección, una salida del egoísmo, nos da una enseñanza de cómo es realmente vivir conforme a la voluntad de Dios. Debemos investigar en la palabra de Dios y en la vida, y entender ¿que es mejor? Según testimonios de terceros, ya sean cristianos o no. Hay infinidad de personas en el mundo que cuentan las experiencias de cuan hermoso es servir a otros, como lo enseño el Señor. **20:21 Él le dijo: ¿Qué quieres? Ella le dijo: Ordena que en tu reino se sienten estos dos hijos míos, el uno a tu derecha, y el otro a tu izquierda.**

20:22 Entonces Jesús respondiendo, dijo: No sabéis lo que pedís. ¿Podéis beber del vaso que yo he de beber, y ser bautizados con el bautismo con que yo soy bautizado? Y ellos le dijeron: Podemos.

20:23 Él les dijo: A la verdad, de mi vaso beberéis, y con el bautismo con que yo soy bautizado, seréis bautizados; pero el sentaros a mi derecha y a mi izquierda, no es mío darlo, sino a aquellos para quienes está preparado por mi Padre.

20:24 Cuando los diez oyeron esto, se enojaron contra los dos hermanos.

20:25 Entonces Jesús, llamándolos, dijo: Sabéis que los gobernantes de las naciones se enseñorean de ellas, y los que son grandes ejercen sobre ellas potestad.

20:26 Mas entre vosotros no será así, sino que el que quiera hacerse grande entre vosotros será vuestro servidor,

<u>20:27 y el que quiera ser el primero entre vosotros será vuestro siervo;</u>

<u>20:28 como el Hijo del Hombre no vino para ser servido, sino para servir, y para dar su vida en rescate por muchos.</u>

20:29 Al salir ellos de Jericó, le seguía una gran multitud.

El señor hizo énfasis en el "querer ser servido" y en "servir a otros" y dio la mejor enseñanza en cuanto a servir. La madre de esos hijos… fue a pedir semejante barbaridad, porque tenía una estíma super alto, que hasta llegó a creer, que sus hijos estaban a la altura del Señor Jesús, y pidió que ellos se sentaran uno a su izquierda y el otro a su derecha. ¡Imagínese! si tenía tan alto concepto de sus propios hijos, como lo sería el suyo propio. **[Digo, pues, por la gracia que me es dada, a cada cual que está entre vosotros, que no tenga más alto concepto de sí que el que debe tener, sino que piense de sí con cordura, conforme a la medida de fe que Dios repartió a cada uno.** Romanos 12.3]

El alto concepto no le hace a una mujer que se sienta pobrecita y ponerse en el lugar de víctima como hablamos al comienzo, hay mujeres que van por otro punto, y es el creerse mejor que otros, por la posición de vida que lleva, por la inteligencia que sobrepasa, por el talento, el don, la casa, el apellido, la familia, cosas por el estilo, y de ahí en adelante hace y deshace a su forma y como quiere, y todos vienen a ser como conejitos de indios a su lado. Pero el Señor Jesús nos dijo: que eso no debería de ser así en el reino de Dios. (el reino de Dios aquí en la tierra es hacer la voluntad de Dios) y la voluntad de Dios es que sirvamos y que se nos quite de la cabeza el querer ser servido. Porque recuerda lo que dijo el Señor. **Porque el que se enaltece será humillado, y el que se humilla será enaltecido.** SAN MATEO 23:12

Si queremos ser mujeres conforme al corazón de Dios debemos entender que debemos dar todo de nosotras, sin esperar nada a cambio, ese es el secreto de la felicidad.

El dar la vida por los amigos es una alegoría como para entender el panorama de la visión del Señor. Recuerda querida hermana el dar algo, ya sea un vaso de agua, un pan, una alegría, un abrazo, un sí, en vez de un no, un regalo, un aplauso, una mirada alegre, un poema, un oído para escuchar las tristezas de otros, un tiempo para llorar con el que llora hace verdaderamente feliz a uno mismo. Es lo más hermoso acompañar al que sufre, perdonar cuando no se debería, porque todo eso es dar amor. Dejar que otros ganen cuando la corona debería ser mía, es como regalar lo mejor de mí.

Yo he encontrado ese camino, voy caminando desde hace mucho tiempo por él, es muy gratificante, la paz me sigue, la alegría del que recibió esa pisquita de mí, me alegra la vida, aunque yo le haya llevado el postre más insignificante y más económico para mi bolcillo, pero es el postre que más le gusta a una hermosa anciana que vive en la otra cuadra. No se trata del precio, ni de la altura de tu regalo o lo que hagas por alguien, porque lo que desean las personas, "**es el milagro imposible para ellos**", y si tenemos un corazón conforme al corazón de Dios conoceremos su secreto, cual es su necesidad más grande, y si está a nuestro alcance, allí mismo está nuestra misión esperando ser cumplida. Este camino te hace llorar, pero no de amargura, porque ves a ingratos que nunca dan gracias.

Cuando no tengo para dar, lloro porque mejor es dar que recibir. Confieso, muchas veces me he acobardado, pero no me he dejado vencer, y la necesidad de volver a ver una carita alegre me llevó a volver a levantarme, aunque esa carita por la cual me levanté fue la misma que me hizo llorar y caer. He descubierto a través de Dios y de muchos testimonios que mejor es dar que recibir, dejé atrás lo que yo quería y empecé a buscar cosas que hagan alegres a otros, porque el ver felices a otros es lo que me hace feliz a mí, y me llena de gran gozo.

Hoy tengo la necesidad de trabajar todo lo necesario en mí, para que yo sea un instrumento en las manos de Dios, especialmente como una cuchara cargada de todo lo necesario, para saciar a otros y no a mí misma, porque haciendo todo esto es lo que llenará mi alma y viviré en paz. Y si lo hacemos en otros cuanto mas a nuestro esposo y a los nuestros.

21 Jesús estaba en el templo, y vio cómo algunos ricos ponían dinero en las cajas de las ofrendas. ² también vio a una viuda que echó dos moneditas de

muy poco valor. ³ Entonces Jesús dijo a sus discípulos:

—Les aseguro que esta viuda pobre dio más que todos los ricos. ⁴ Porque todos ellos dieron de lo que les sobraba; pero ella, que es tan pobre, dio todo lo que tenía para vivir.

Lucas 21

Mujeres extremadamente serias

Normalmente las mujeres son mas serias que los hombres a cierta edad, porque la mujer es más sensible que el hombre, pero de ahí a que toda la vida ande con cara de que tiene dolor de cabeza, es otra cosa.

Mujeres que casi no se ríen, normalmente les cuesta expresar un abrazo, un chiste, y cuando tiene que dar consejos, son consejos con mucho extremo a lo recto.

Casi muy de seguido tienden a enojarse y a andar con la cara larga 😐 con las cejas ceñidas.

Cuando hacen chistes que muy pocas veces lo hacen "cundo están en sus días felices" lo hacen, pero no de la forma correcta, y la verdad que no da gracia, porque no tiene el carisma necesario, y las personas que los escuchan ríen forzados, o directamente no se ríen.

Un esposo con una mujer super seria, se siente incómodo, y poco a poco se va enfriando en su amor, porque esa seriedad que sobrepasa, le va desgastando, sufre por dentro, se aguanta, pero en algún momento explota, y dice todo lo que siente. Normalmente la mujer reacciona con más enojo, y empieza las discusiones, estas que le van callando al hombre, que quiere cambiar a su esposa de esa actitud.

El se refrena, sigue aguantando, porque no encuentra humildad en ella, cuando ella afirma que son solo su idea, que él le parece nomas, que no es así, que exagera, que él es el que está loco, es él, que ella está realmente bien, y que no está enojada, como él afirma.

Llega un momento en que el hombre se enfría casi del todo y es allí donde se fractura la relación, algunos deciden separarse, porque la actitud extremada de su mujer seria lo agobia.

Veamos esta historia.

Sansón fue conquistado por Dalila, pero hasta el día de hoy, no sabemos por qué razón, pero la palabra nos muestra algo que nos hace pensar, y es que ella era una mujer que hacía que él se sintiera a gusto a su lado, a pesar que ella era una mujer que no iba con la verdad; ella hacia muy bien su trabajo "ella sabía cómo atender a un hombre" y hacer que un hombre se sienta feliz. Ella hacía que sansón durmiera en sus piernas, imaginamos que ella siempre lo hacía, que no fue solo el día en que lo traccionó cuando mando a cortar su cabellera, sino creemos que era su forma de atrapar a los hombres, ella entendía su gran necesidad, y podía llegar al corazón de ellos, en este caso era Sansón. Él fue atrapado por su dulzura, el hombre no solo quiere ser "**respetado**" sino atendió en lo mas profundo de su ser y que ella sepa interpretar sus necesidades mas grandes, el hombre necesita dulzura, es por eso que habla esta parte de la palabra.

Sea bendito tu manantial, Y alégrate con la mujer de tu juventud,

Como cierva amada y graciosa gacela.
Sus caricias te satisfagan en todo tiempo,
Y en su amor recréate siempre.
Proverbios 5:18
Aquí dice claramente: (**<u>cierva amada y graciosa</u>**
<u>en su amor recréate siempre)</u>

Sansón quedaba dormido en sus faldas, me imagino que ella le prestaba el oído para escucharlo, porque no creo que le hacía recostar la cabeza en sus piernas, para quedarse callada, sino para darle esas caricias que necesitaba y esa compañía agradable que él quería, le escuchaba y le hacía sentir que él era importante.

<u>Sansón se quedó dormido con la cabeza en las piernas de Dalila y ella llamó a un filisteo para cortar el cabello de Sansón. El hombre cortó las siete trenzas y Sansón perdió toda su fuerza.</u>

Jueces 16:19

Cuando una mujer es extremadamente seria también lo es en la intimidad, yo lo era. Me dormía con la ropa hasta el cuello, y apenas dejaba algún espacio para que mi esposo me tocara, y ni pensar que me mire, todo lo tapaba, y era realmente quisquillosa, eso hacia que mi esposo disfrute casi nada, y yo menos lo hacía, porque en esa área era por demás seria, aunque no lo era tanto en mi vida diaria, porque siempre fui una mujer alegre, pero tenia mis extremos. Suficiente para arruinar nuestra salud matrimonial.

A veces no somos extremas de serias en todo, pero hay siempre un extremo en algo, y es allí donde tenemos que parar, y reflexionar, pensar que ese pequeño defecto puede fracturar nuestro matrimonio. **Mejor es vivir en un rincón del terrado Que con mujer rencillosa en casa espaciosa.** Proverbios 21:9

Que el Señor le ilumine el alma, y empieces a ver en qué área de su vida usted está siendo muy seria o extremadamente seria.

Puede cambiar con la ayuda de Dios, no se preocupe, puede ir ahora delante de Dios y pedir su ayuda, y después puede ir a su esposo y hablar con él y pedir perdón eso lo sanará a él y a usted porque ser humilde de corazón le llenará la vida de felicidad a usted y a su esposo. Que Dios le bendiga en grande 👭 y que su matrimonio empiece a florecer de las manos del Señor.

La mujer agraciada tendrá honra, Y los fuertes tendrán riquezas.

Proverbios 11.16

Ser felices haciendo lo correcto

La mujer sabia edifica su casa; Mas la necia con sus manos la derriba.
Proverbios 14:1

La mujer virtuosa es corona de su marido; Mas la mala, como carcoma en sus huesos.
Proverbios 12:4

La casa y las riquezas son herencia de los padres; Mas de Jehová la mujer prudente.
Proverbios 19:14

Mujer virtuosa, ¿quién la hallará? Porque su estima sobrepasa largamente a la de las piedras preciosas.
El corazón de su marido está en ella confiado, Y no carecerá de ganancias.
Proverbios 31:10

Engañosa es la gracia, y vana la hermosura; **La mujer que teme a Jehová, ésa será alabada.**
Dadle del fruto de sus manos, Y alábenla en las puertas sus hechos.
Proverbios 31:30

Sabia
Virtuosa
Prudente
Que teme a jehová
¿Quién la hallará?

Esto es para pensar, y reflexionar sobre nosotras y ser humildes y reconocer esa partecita o parte importante, que nos desvían de la voluntad de Dios y trabajar en ello.
Para que nuestra propia vida sea saludable y nuestro matrimonio sea un

lugar donde nos sintamos alegres y felices. No un lugar donde solo sirva para comer trabajar y dormir, porque ni el uno, ni el otro baja la guardia, y solo se empieza a hablar para criticarse y para dañarse el uno al otro.

Un hogar donde los dos son los ganadores es un centro de guerra, porque son personas con orgullos establecidos, donde ni uno ni otro decide empezar a pensar, que puede estar equivocado.

Empezar a ser humilde es un paso importantísimo, porque usted se está dando tregua a usted mismo, se está parando y se estará escuchando y viendo para adentro suyo, y no tendrá tiempo para ver el error de aquel que está delante suyo, porque una persona que quita la viga de su propio ojo, empieza a ver diferente la vida, en todo momento y en todo lugar.

¿Y por qué miras la paja que está en el ojo de tu hermano, y no echas de ver la viga que está en tu propio ojo?

¿O cómo dirás a tu hermano: ¿Déjame sacar la paja de tu ojo, y he aquí la viga en el ojo tuyo?
Mateo 7.3

Que el señor le siga hablando y le sorprenda en esta semana, yo oro por usted, para que el Señor llegue a su vida con poder, que él se revele a usted estando despierta y estando dormida, que Dios le ayude y su matrimonio se recupere y sea de gran testimonio, en su propia familia, y en su barrio, y en el mundo. Le doy un gran abrazo de fe, y un enorme beso de mi parte 😘

Si usted cree que Dios está en alguna de estas palabras, le agradezco le de valoración, es de gran importancia su comentario, Dios le bendecirá el ciento por ciento.

Amen

12603836R00059

Printed in Germany
by Amazon Distribution
GmbH, Leipzig